JN409422

모닥불

양태영 시집

양태영 지음

발행처 | 도서출판 국보
발행인 | 임수홍
편 집 | 한혜숙
디자인 | 맹신형

인쇄 2014년 3월 12일
발행 2014년 3월 19일

주 소 | 서울시 강동구 양재대로114길 32 2층
전 화 | 02-476-2757 / 476-7260
팩 스 | 02-476-2759
이메일 | kbmh11@hanmail.net
홈페이지 | http://cafe.daum.net/lsh19577

값 10,000원
ISBN 978-89-93533-71-2

이 도서의 국립중앙도서관 출판시도서목록(CIP)은 서지정보유통지원시스템 홈페이지(http://seoji.nl.go.kr)와 국가자료공동목록시스템(http://www.nl.go.kr/kolisnet)에서 이용하실 수 있습니다.(CIP제어번호: CIP2014007980)

어머님에 정을 여기에 담았습니다.

활활 타오르는 모닥불을 피웠습니다.

꿈꾸는 세월 속에 물처럼 살고 싶은 아름다운 이야기들을 모았습니다.

아름다운 꽃도 푸른 초원의 숲도 시간이 지나고 나면 다시 새로워지며, 모래알 한 알에도 뜻이 어리어 세상을 살피나니 그대는 생각이요, 의지인 것입니다.

풀 한 포기 포기마다 새긴 뜻은 세상의 허망을 서러워 하나니 그대는 희망이요 그대는 행복입니다.

구름 한 점 없는 하늘에 구름이 생김은 내가 못난 것을 거울에 나타내듯 나의 허물을 책함이요 너의 잘못을 상기시키고자 함입니다. 또한 길 위에 버려진 작은 돌도 생명이 있나니 무언의 충고요 무언의 깨달음을 일으키려 함입니다.

흐르는 물에서 나의 늙음 깨닫고 통곡하는 것은 이미 저물어버린 일이라 다시 오지 않기에 우는 것입니다.

두 뺨에 흐르는 눈물이 뜨거움은 뜨거운 마음이 식지

않았기에 사랑하는 내 님을 위하여 뜨거움이 솟기 때문입니다.

세상에 모든 일이 번잡함은 내가 너를 모름이요 네가 나를 모름이니 서로 믿지 못함입니다.

작은 새의 울음 듣고 즐거워하던 때는 어제 가고 눈물 흘림은 어제와 오늘의 마음이 다름입니다.

천지에 존재하는 생명과 나를 둘러싼 삼라만상은 더불어 영원토록 벗하여 살고지고 또 살고 질것입니다.

雲海의 조그마한 모닥불을 피워 이 세상을 따뜻하게 할 수 있다면 별은 영원히 빤짝일 것입니다.

2014년 3월

양태영

C o n t e n t s

思母曲

戀歌

Contents

밤은 모든 것을 낳는다

모닥불

Contents

인생

낭만편지

제1부

思母曲

바다

어머니
당신의 나라는 정말 고요 하였습니다
단 한 뼘의 깊이에도
스스럼없이 밀려오는 파도
구름은 갈매기처럼 하늘을 엽니다

어머니
해맑은 생각의 뒤안길에는
마음 넓은 바다 입니다

언제나 제 마음 안에서
철철 넘쳐 나는
사랑의 꽃이랍니다

자유이옵니다
굳센 약속이며
애정이 됩니다

끝내는 헤어져서 생명이 됩니다
다시는 흔들리지 않기 위하여
부서지는 아픔으로 질서가 됩니다

어머니!
당신은
항상 가슴 앓는 바다입니다.

思母曲

갈대 한 잎으로 여자로 태어나
칼날 위로 손을 얹어
세상을 다스려
두고 갈말은 없어도
손끝에 남은 흔적
당신을 위하여
언제나 노래 부르렵니다.

어머니 1

어둡고 긴 폭풍이 밤을
침묵으로 밝히 우고
이제 또 여명을 맞는 오늘
그 험한 세파 에도
묵묵히 외면 할 줄 아는 당신
인간도 따르지 못하는
인고의 꿈을 머금고
번득이는 굽이 사이로
세월에 시달린 잔주름이 아프다
말을 할 순 없어도
하늘을 열수 없어도
항상 미소로움은
내 깊음이 무한함을 말해주고
천 년을 하루같이 살면서
침묵할 줄 아는 당신이기에
이렇게도 부드러운가 보다.

어머니 2

어머니!
설움이 북받칠 때면
당신을 그리면서 좋았던 그때를 그리고
가슴이 아플 때엔 쓰다듬어 주시던
손길이 생각 납니다

어머니!
오늘 불현듯 생각나는 그 얼굴
당신이 생전 모습 생각납니다
오직 아들이 건강만을 위해
정성으로 빌고 빌어주던 어머니

어머니!
그때가 그립습니다
자나 깨나 당신 자식 걱정으로
두 손을 모아
당신 자식 잘 되기만을
지극 정성 빌고 빌던 어머니

어머니!
기쁨 속에서는
당신을 잊고 있었습니다
지쳐버린 삶에서

미소를 찾고
뒤돌아보니 떠오르는 얼굴
나의 어머니
어디에 게시나이까!

어머니!
따스한 손길로
배가 아프다 하면
이내 어루만져 주시던 어머니
영원히 영원히
당신을 잊을 수가 없어서
이렇게 서럽도록
북받치는 한 아름의 사랑을
쉰다섯 넘어서고 서야
당신에 사랑을
느끼고 알았습니다

어머니!
감사합니다
그리고, 사랑합니다
영원히 영원히
그대만을 사랑합니다
어머니에 마음 고이고이
간직하여 마음속 깊이깊이
새기며 후회 없이 살으렵니다.

하늘은 말한다

하늘은 말한다
하늘은 말한다
나에게
그 어떠한 역경도 고난도
모두 박차고 참으라고

하늘은 말 한다
어려움을 닥치며 생각 하라고
어머니, 아버지를 생각 하라고

결코 길지만은 않은 인생
결코 길지만은 않은 지금 이 생활
눈을 꼭 감고 참아 살라고……
백절불요百折不撓 정신으로.

당신에 사랑은

당신에 사랑은
바다를 이뤄내고
나의 사랑은
이슬방울 입니다
바다는 혼 불 집히며
기다리는 당신의 삶이
잔잔한 물결로 일렁이는 곳!
때론 산 사이 새벽 소리 없이
조용이 내려앉은 아침 이슬처럼
초록은 나에게 산수가 되어 주었습니다
버거운 삶을 지고서도
내려놓지 못하는 당신!
어둠보다 더 깁고 짙게 밀려든 외로움
가슴속에 터를 닦고 집을 지어서
좀처럼 보이지 않는 침묵이 내 등을 누릅니다
석양으로 지듯 흔적도 없이 사라져 버릴 육신
그 적막함이 뼈저리게 흐르는 눈물 한 줄기가
내 야윈 가슴 속으로 흐릅니다
척수를 부수고 골수를 쪼개는 아픔이 회환
당신의 부지로 불어 닥친 폭우
천년의 침묵을 깨는 뇌성 이었습니다
국화꽃 향기는
당신의 사랑을 품은

눈물 같은 산수로
내 후각을 적십니다.

물처럼

물아 너는 어이 그리도 맑더냐?
높은 절벽에서 떨어짐을 두려워하지도 않고
힘차게 낙하하는 너의 힘
시원한 생명수로구나

흐르다가 흙속으로
흐르다가 돌 밑으로 스며들어서
외로운 이 만나거든
부드러운 눈빛으로 위로와 평안 주렴아
융통성과 지혜를 주렴무나!

떨어지는 너에 그 마음
나는 알리라
낮은 곳을 찾아 흐르는 겸손
막히면 돌아갈 줄 아는 지혜
어떤 그릇에도 담기는 융통성
구정물도 받아주는 포용력
바위도 뚫는 물방울의 끈기와 인내
흐르고 흘러 바다를 이루는 대의

가끔 나도 너처럼
낮은 곳으로 흐르고 싶어서
겸손을 찾곤 한단다

너가 가는 길목에 서면
흘러내리는 소리 청아도 하여라

마음이 맑아 우러나오는 너에 소리
거슬려 오르는 물고기들에게 길을 내주고
비바람 태풍 후에 큰물이 되여
끝내는 흐르고 흘러 바다에서 만나듯
멈춰서면 평화로운 바닷물 되는
大義에 지혜를 주려무나
깊고 깊어 머무르면 머물수록 향기로운 물이여!

少女여!

少女여 슬프구나!
아흔 해 전
너의 초록빛 짙은 눈동자
내 눈은 슬픔을 승화시킨 마술사
나는 알았네!
너의 눈망울이
그토록 애처로움을
떨고 있었던 순간
가련한 새싹이 돋아난
이 강산에 꽃피운 소녀여!

조국해방의 꿈을 키우고
슬퍼서 비련에 죽어서 간
너의 애틋한 마음을
하지만 소녀여!
인제 그만 저리도록 시린
눈망울을 접어다오
하얀 구름에 미소 짓는 저 언덕에
저토록 완연한 무지개가
피어오르는 것을
세월이 흘러가도 변치 않는
조국에 바친 너의 영혼이
한라에서 백두까지 빛나고 있음을.

부평초

난 부평초 당신은 물
바람이 그리는 구름 속
노을에 아련히 떠오르네

서산에 안개 피어오르니
품에 안길 듯 다가오는 조각배
그리움 하나 비단이불 펴고
아름답게 태어난 사랑

억새꽃 하늘 아래 고인 못
물 위에 떠있는 부평초여
들바람 스치니 두 뺨이 차구나.

바위

바위야
너는 태곳적 신비를 머금고
무었을 먹으며 살아 왔느냐?
눈, 비, 바람 춘하추동 넘나들면서
찬 서리 풍우 속에서도
숨을 죽인 넌
언제나 홀로 이구나
꽃피는 봄 지나 산천초목 푸르를때
밤하늘에 등불 밝히는 바위 되어
하이얀 임 김으로 대지를 적시어 주고는
말없이 숨을 죽이고 사라지는 넌
언제부터 나의 동반자가 되었나!

바위야
넌 이제 밝은 석상 되어
인간풍파 세월시간 멈추게 하려무나
바위야
너는 이제 너에 신비 모습 보이며
사랑노래 전설노래 들려 주렴아.

내 손녀 미소

잔솔밭 실바람 사이로
조용히 다가오는 황혼의 낙조
사랑이 익어가는 호수에
뛰어노는 아기 송사리
피로한 입술을 만드는 여동
수운 등은 낙엽 속에 숨고
어머니 주름살 속에 재롱 피우던
내 어린 날 모습
스물여섯 빛나던 별 하나
유성 되어 사라진지 오래어
손 흔들던 벗이
일러주던 수급불유월
눈물 속에 아롱지는 추억
오, 향기 높은 미소여!
보고 싶구나~~~

당신에 의미

생명에 의미를 알았습니다
시간이 모습을 느꼈습니다
당신의 표정을 알았습니다
당신의 음성을 들었습니다
울어도 봤습니다
웃어도 봤습니다
머물러도 좋고
떠나도 좋은 심정입니다
지평선에 아름답게 들어선 노을

한순간도 놓칠수가 없습니다
의미와 음성을 모습과 표정을
이제야 느껴서 알았습니다
당신은 이 세상에 곱디곱게
피어난 한 송이 장미입니다.

농부의 결실

해 질 녘 종소리 은은하게 퍼질 때
시인들이 노랫소리 머얼리 퍼지면
산울림 웃는 농부들이 행진곡은
이마에 결실이 땀방울 폭포수 되는구나
한낮에 옷깃을 꾀어낸 실타래가
또 한 번 결실을 약속하며
영차영차 산등성이를 오르는 농부들이 행진곡에
산 까치들의 속삭임이 들녘에 퍼진다
산 까치들 내 고향 부모 · 형제 소식 전해줄 쯤에
나날이 발전하는 조국을 한눈에 볼 수 있는
이곳에 서서 보면 싸인 연중 속에 지워지고 새겨지고
또 지워져도 그들은 우리의 참된 삶을 일깨운다
내일도 농부들의 행군 대열이 산등성이를 오른다
이마에 맺힌 땀방울을 씻으며 저 멀리에
농부들의 결실을 기리는 기적소리는
강을 버려서 바다를 이루듯
꽃을 버려서 열매를 맺는다.

고향 길

어둠이 떠밀리고 벗겨지는
청옥 빛 하늘 멀리
고향 하늘 구름을 벋기 우고
고개 숙인 이마에 빤짝이는 새벽별 하나
저 별은
오늘도 내게로 다가와
고향에 있었던 바람을 돌리면서
나약한 소리로 안녕을 이야기 한다
나 또한 잘 있음에
우리 모두 잘 있음을
간밤 가슴에 빨 갈게 응어린 지던 향수를
어느 누군가가 알려주는 고향소식에
그대는 나를 잠들게 한다
고향 길 향수가 밀려와도
새벽별 하나가
아침 바람과 함께
수양버들 아래 오백 년 노송 옆에 서서
안녕을 손짓하며 고향 길 지난다.

상사화

어여쁜 꽃보다
당신의 따스한 눈동자가
더 좋았습니다
우수에 찬 그대의 눈동자가
차라리 더 좋았습니다
꽃잎과 순결이 교차하여
갈대가 된 나의 마음
당신의 붉은 정열과
푸른 희망이 서로 엉키어
아스라한 당신에 환상의
점점 더 짙어질 때쯤엔
드디어 미움을 낳게 하였습니다
다시는 연약한 모래성을
쌓지 않기를 바라면서
세상에서 제일 아름다운 모습으로
영원히 지지 않는 꽃을 피우렵니다.

부러리에 둥지 틀고

부러리*에 이사하여
운해 새로운 둥어리를 마련하였습니다
어머니 감사합니다
당신 덕에 자식 이제야
어깨 펴고 살게 되였습니다
당신 정성이 아니라면
어찌 이룰 수가 있을까요?

비가 와서 떨어지는 꽃잎보다
바람에 지는 꽃을 가엾어 하니
서러운 것은 꽃이 아니라
나비였습니다
없어지는 것은 바람에 밀려나는
구름 이었습니다

꽃이 피고 지는 것은 자연의 이치요
비가 내리는 것은 우주의 섭리라
바람 불면 흩날리는 꽃잎도 서러워
할 것이 못되는 것을 알았습니다

꽃향기 따라 찾아온 벌과 나비도
꽃이 지면 이듬해 봄을 기약하며
해어져야만 하는 것을 알게 되었습니다

꽃이 예쁘고 향기가 좋다 하지만
영원히 피는 꽃이 없으며,
예쁜 꽃일수록 가시가 세어서
한번 찔리면 피가 많이 납니다

꽃은 한번 피면
반드시 지기 마련인 것을~~
영원한 꽃도 없음이요
영원한 삶도 없음이라
우리 생명 한 백년 살다가
다섯 자 돌 되여 흙으로
돌아 갈 것입니다
나 또한 그렇게 될 것이니
내 인생 또한 베풀며
보람되게 살다 가렵니다.

*부러리 : 지금의 제주향교가 있는 곳으로 1827년 이래 오늘에 이르고 있으며, 향교 북쪽으로 펼쳐진 민가들을 "부러리"라 한다.

제2부

戀歌

1. 연가
2. 연민
3. 편지
4. 갈색 바람 속 석양
5. 그리움 1
6. 그리움 2
7. 그리움 3
8. 심안心眼
9. 외로운 밤에는
10. 일편단심
11. 사연
12. 종을 울려라
13. 기다림
14. 사랑하는 내 여인이여!
15. 사랑한다는 것은
16. 하이얀 박꽃처럼

연가

어쩌다가 지나가는 밤에만
만나는 당신은
한 줌에 구름이요
스쳐 지나가는 바람이련가!
높은 산에서 오는지
깊은 바다에서 오는지
알 수 없는 그리움 따라
밤마다 그려 봅니다
모두가 잠이 들면
만나고 싶은 여인
꿈속에서라도 한번만 꼭 만나고 싶은
향기로운 임이여!
달 밝은 밤에 들려오는 피리소리
달빛 속 한줄기 가락
흰 구름 속에
바람 따라 가고 싶은 포근한 숲길
임에 마음 열어 그대 품속에서
흰 구름 되어 가슴속 슬픔까지
깨끗하게 씻어주는 한줄기 소나기처럼
닫힌 창문에라도 소리 내어 뿌려다오
우리 서로 보이지 않을지라도
안개가 되어 새벽녘에 떨어져 내리는
한 방울 이슬이 될지라도.

연민

닫힌 창가에 앉아있는 가난한 혼이여
세월이 가면 쓰러져 돌이 되어가는 것을 알면서
때묻은 눈동자의 눈물이 너무나 곱기에
아름답게 죽어 갔던 지난날들의 뉘우침
별들이 빤짝이는 가을 하늘 아래로
밀리고 밀려오는 파도와 함께 왔어도
사랑으로 어우러진 가슴 적시는 축하 무리
종말이 없는 신들의 사랑 속에
빛으로 응고된 둥근 돌 공의 혼
세월의 땅에 묻힌다.

편지

저무는 날 무지갯빛에 실려왔을
꽃봉투에 사연은
우수에 젖어 곱게 핀 꽃 이야기와
파도에 밀린 은빛 비늘의 담긴 이야기
그런 소리의 무늬 그 소리 무늬는
네 생명의 가락이니 내 가을빛으로
불어 와서 살며시 내게 내리고
내 작은 심연에 잠들게 하는구나
누이야! 이제 돌아서서 창문을 닫고
산처럼 주저앉아 머릿속 향기로운
비밀 이야기와 남남끼리 열어가는
미래의 숙명 이야기를 네 고운 미소와
웃음소리 섞어 띄워 주렴
그런 소리 무늬 엮어 내린 후에
내 진실로 대답 하리다
최후로 웃어 보내리니.

갈색 바람 속 석양

갈색바람 불어오는 길목에서
푸른색 대문을 달아놓고
새로 단장한 사립문 속 정원에서
이름 모를 여름꽃들의 향연
벌, 나비 새들 노랫소리에
계절 바뀌는 줄 잊은 채
갈색 바람 맞이하는구나
계절 바뀜에 새로 단장한 대문
새로 달아서 맞이하는 추분의 절기를
기다리며 찬 바람 맞이하는 초저녁에
지는 석양빛 바라보니 노을 속에 영롱하게
피어오는 빛바랜 무지개 하나가
가을비 재촉하며 새 생명 드리운다
불볕더위 삼복더위 내내 산들바람 찾아
풍류를 타고 있던 너
쓸개 빠진 넋이 되어
줏대 없이 허우적거리던 여름
그래도 꺾이지 않는 너의 맘에
혼을 빼앗겨 가을 계절 맞이하며
곧은 절개 자랑 서슴지 않는구나
태양은 또다시 떠오르고
온 누리에 빛을 주는데
가슴속에 품은 빛은 촛불과 같아

바람 불면 꺼질라 노심초사
비가 오면 초롱 달아 근심 걱정하는 너에게
오늘 태양빛 보지 못하면
내일 다시 태양은 떠오르니
비가 오고 바람 불고 눈이 오고
계절이 바뀌어도 변하지 않는
바위 되어 앉아 있구나
갈색바람 맞으며 새로 단장한 새 대문
계절이 바뀌면 정원에 아름다운 꽃
다시 피워 벌과 나비 새들 노랫소리
옛 시인의 노랫소리 듣고 싶어라.

그리움 1

차가운 달빛 속에 너의 미소
아스라이 떠오르는 한줄기 그리움이
잡힐 듯 잡히지 않는 여운 속에
겹겹이 쌓여가는 내 진실이
때 묻지 않은 자연이 섭리 앞에
나래를 연 나의 사랑은
누구를 위한 바램인가
누구를 위한 그리움인가?

그리움 2

그리움이 없이 꽃이 피고 지겠는가?
가뭄 없이 꽃이 지겠는가?
사랑 없이 꽃이 피겠는가?
한밤에 내리는 비가
무지개 꽃 피우는 것을 보았는가?
한낮에 내리는 비가
무지개 꽃 피우는 것을 보았는가?
가는 길 멀다 말고
가는 길 좁다 말고
가는 길 어둡다 말고
한 길로 걸어가면서
그리움 노래 부르노라면
꽃이 피고 지는
계절이 변화 속에서
우리는 쉬이 늙어가고
먼 잠의 나라로 한 발자국 씩 다가선다
그리움과 함께
피고 지는 꽃과 함께
너와 나는 그리움을 담아
사랑을 나누고 있구나.

그리움 3

동지선달 긴긴밤
새하얀 눈꽃송이 곱게
단장하던
고운 꿈 모아 꿈을 키우던
아름답고 곱던 시절

화롯불 피워놓고 놀던
먼 옛날의 이야기는
가슴속 깊은 곳에
깊고 깊게 남아 있어라

어머님에 깊은 사랑
포근히 감싸 올 때
초병의 밤샘하는 긴
지새움 끝에 머무른 시간

어쩌면 지난시절
빛바랜 추억 속에
그리움 같은 것이어라.

심안心眼

눈 떠서 바라본들
보이지 않는 임
눈감으니 보이네
눈뜨고 보니
녹음은 방초芳草인데
바다 위에 영주산
눈 감고 살아도
눈 뜨고 살아도
천리 길 부벽루
눈뜨고
건널 수 없는 철조망
눈감으면 보이네.

외로운 밤에는

외로운 밤에는
자꾸만 별을 보고 싶다
더 외로운 밤에는
찬란한 유성이 되고 싶었다

곱게 타다가
낭자하게 뿌려지는
내 심장 가까운 곳에
운석처럼 묻히고 싶었다

노란 개나리 밭에서
나비 호호 날고
초록 바다에선
바람 따라 파도 일어나는

자운영 붉은 돌담 넘어선 그곳
한 쌍의 기러기 왜 울며 가는가?
내 심장 태우는 찬란한 유성이여!
외로운 밤에만 빛나는 유성이여!

일편단심

어여쁜 꽃보다
당신의 따스한 눈동자가
더 좋았습니다
우수에 찬 그대의 눈동자가
차라리 더 좋았습니다
꽃잎과 순결이 교차하여
갈대가 된 나의 마음
당신의 붉은 정열과
푸른 희망을 서로 엉키어
아스라한 당신에 환상의 점점
더 짙어질 때쯤엔
드디어 미움을 낳게 하였습니다
다시는 연약한 모래성을
쌓지 않기를 바라며
충실히 역군 할 것을 다짐합니다.

사연

종이를 가지고 사심을 그리다
눈감고 굽어본 고향
천릿길 낭떠러지 밑에도 한발이면
건너는 마음이 사연
사시절 한시로 빼어 버릴 수 없는
서로 떨어지면 알고 싶어 하는
민족에 크나큰 시련에 사연도
언젠가 굽어보고 있지만
인제는 바라보아야 한다
대망을 품고 우리는
속력을 내어서 한라산에서 백두산까지에
기나긴 옛 사연을 바라보아야 한다
높고 깊은 사연도 하늘 밑 사연이련만
언제 이루어지려나?
우리에 사연은.

종을 울려라

종을 울려라!
가엾은 여자의 눈물을 위하여
그리고 또 그 여자의
서푼 짜리 행복을 위하여
조그맣게 종을 울려라!
종을 울려라!

저마다 갈비뼈 밑에 고인
썩은 한 조각 양식의 때를 벗기려
외면당한 정의의 저편을 위하여
지금 힘차게 종을 울려라!

바람 잔잔한 갈대숲 무덤 아래서
의미를 만나고 죽은 사람의 영혼
그 영혼이 고이 잠들 때까지
종을 울려라!

이제 우리는 방황이 여로에서
율도국을 찾는 서민임을
가슴에 새기며
종을 울려라!

기다림

무었을 기다립니까?
오는 곳 어디 메인지 알 수 없어도
한나절 그리움에 한숨 지웁니다

서러운 가슴으로 이어온 지금
공허한 마음엔
메이는 듯한 황홀감
하얀 잎 눈꽃 되어 떨어지는 춘삼월
현란한 그 빛에 눈을 못 뜨고
한나절 기다림에 한숨 지웁니다

올래길 따라 이어지는 발길들
목마른 가슴에 물 한 모금 삼키며
수월봉 앞 바다 가슴속에 품고
인면상 한번보고 차귀도 바라보며
뒤 따르는 그 여인 생각에
한나절 사랑으로 마음 잠 재웁니다.

사랑하는 내 여인이여!

내가 사랑해야 할
단 한 사람
나의 여인아!
밤에만 나와 내 얼굴을 부비는
내 여인이여!
복사꽃 향기 좋아
꿈속에서 웃음 지며
사랑한다 말하면 저만치 멀어지는
아름다운 나의 여인아!
한 번 만이라도
사랑한다 말해주오
당신을 영원히 사랑하며
이생이 다하도록
복사꽃 향기를 품고
살아가도록
운해의 가슴속에 들어와
영원토록 함께해주오
사랑하는 내 여인이여.

사랑한다는 것은

사랑 한다는 것은
상대방에 대하여
극진한 관심을 갖는 것이요

깊은 책임감을 느끼는 것이요
상대방을 소중하게
생각하는 것이요

내가 가진 것을
아까와 하지 않고
주는 것이요
깊은 이해심을 갖는 것이다.

하이얀 박꽃처럼

하이얀 박꽃처럼
피어오르는 그림자
저녁노을에 쌓인 모습인양
어둠진 빛 희미하다
깊은 산속 샘물 옆에 피어있는
한 송이 꽃향기가
내 가슴 속에서 타는듯
그리움은 밀려오는데
한마음 되는 무지개는
파란 하늘을 덮은채
남아있다.

제3부

밤은 모든 것을 낳는다

1. 모두가 잠든 밤
2. 외로운 밤
3. 계절이 바뀌어도
4. 친구의 우정
5. 밤은 모든 것을 낳는다
6. 빛
7. 보름달
8. 새벽 종소리
9. 회상
10. 너
11. 달밤
12. 흐르는 강물
13. 밤은
14. 비 오던 날
15. 계절을 따르는 因緣

모두가 잠든 밤

보름달 떠오를 때
환한 미소 거느리고
잃어버린 시간을 주우려고
밤차를 탄다
아직 마무리하지 못한
하루의 일과가 끊어진 다리 위에서
서성이고 있는 까마득한 회상을 보며
모두가 잠이 든 세상
찢어지는듯한 기적 소리가 들립니다
어디를 향하여 앉아도 떠오르는 달
마음이 배가 고픈 이여!
보름달이 떠오르거들랑
잃어버린 시간을 줍고
아직 마무리하지 못한
너의 마음을
중천에 달이 보일 때
모두가 잠든 밤에
저 세상에 묻어 두고
다시는 일어나지 못하게 하라.

외로운 밤

외로운 밤에는
자꾸만 별을 보고 싶다
더 외로운 밤에는
찬란한 유성이 되고 싶었다

곱게 타다가
낭자하게 뿌려지는
내 심장 가까운 곳에
운석처럼 묻히고 싶었다

노란 개나리 밭에서
나비 호호 날고
초록 바다에선
바람 따라 파도 일어나는
자운영 붉은 돌담 넘어선 그곳

한 쌍의 기러기 울며 가는 영주산
내 심장 태우는 찬란한 유성이여!
외로운 밤에만 빛나는 유성이여!

계절이 바뀌어도

술에 취하고
꽃에 취하고
봄바람에 취하여
나이도 깜박한 채
청춘인양
착각하고 살아간다네

마음아
너는
언제나 젊었느냐?
꽃 보면 반갑고
술잔 들면 웃음난다

봄바람에
꽃향기 품어본들
너에 늙음이야 어찌 감출 손가
계절 멈추지 않으니
내 늙음 감출 수 없고
물이 깊고 산이 높다 해도
한 치밖에 안 되는
그 마음은 알길 없네.

친구의 우정

당신의 가버린 것보다
더 서러운 것은
잃어버린 내 우정입니다
잎이 지면 앙상한 가지를 보며
서러워하는 철새의 아름다운
울음소리보다 더 서러운 것은
잃어버린 시간입니다
봄이 오면 가지는 새파랗게
녹음이 짙어가지만
숲 속 웅덩이에 고인 물처럼
달랠 수 없는 서러움은
잃어버린 내 우정입니다
진정 지워도 지워지지 않는
잊을래야 잊을 수 없는
잊지 못하는 것은
잃어버린
내 우정입니다.

밤은 모든 것을 낳는다

밤은 모든 것을 낳는다
이유도 까닭도 없이
밤은 모든 것을 낳는다
어제도
오늘도
내일도
生에서 없어질 때까지
밤은
그저 낳는다
괴로운 건 人生일 뿐
밤은 그냥
밤은 그냥 아픔을 낳는다
어둠을 밝게 낳는
밤은 너와 나의 생각을
같이 하여 준다.

빛

밤은
눈을 천이나 가졌지만
낮은 오직 하나뿐
그러나 이밝은 세상의 빛은
저무는 해와 함께 사라지네

마음도
눈을 천이나 가졌지만
가슴은 오직 하나뿐
그러나 온 세상의 빛은
사랑이 끝날 때 사라지네.

보름달

한 달에 한 번씩 너의 창을 비추는 달
검은 구름 가리어도 달은 창을 뚫고 비추나니
해 맑은 당신의 얼굴 또 떠오르는 구려

고요한 마음 위로 흐느끼는 얼굴 읽었구려
물 굽이쳐 쌓는 추억 굽이 따라 묻혔소
차면 또 기우는 물에 떠오르기만 하는구려

억새밭 위로 떠서 맨발로 걸어가요
풀 이슬도 떨어져서 님이 꿈 밭 적시는가
꿈길은 밤을 지새우고 떠나 갈 줄 몰랐구려

세상이 다 잠이 들면 호숫가로 나오구려
이랑 일군 잔물결에 보름달이 떨어지면
님의 가슴에 씨앗 싹터서 달이 곱게 떠오른다오.

새벽 종소리

종소리 은은하게 퍼지는 새벽
종소리 메아리 되어 옥구슬 속에 숨는다
인동초 향 속에 숨은 메아리 찾고 싶어
산등성이를 걸어 오를 때
암자에 연꽃향이 미소를 머금는다
초목은 꽃을 버림에 열매가 맺고
강을 버리면 바다를 이루듯
결실의 의미는 아름다운 평화의 땀방울
비탈길 굽이돌아 암자 연못 지나칠 즘
구름 속 종소리와 합장하는 산새 소리 들려온다
사랑도, 미움도, 구속도, ...
먼동이 트는 태양과 함께 시간 속에 묻히리니
흘러가는 세월을 잡을 수가 없구나!
새벽종 소리 끝나면 태양은 떠오르니
떠오르는 저 태양 속에 종소리 엮어 담아
초목의 자연과 담소 나누며 미래의
평화를 위한 평화의 마음 연화蓮花에 심어보네!

회상

고개 숙이는 아카시아 잎 세에
청자 빛 태양이 나부끼면
쑥 내음 가득한 삼복이 한나절
바다 위에서 뵈려 하던 나의 심경은
불현듯 유년이 시절로 돌아가는
노을이 은은한 남녘이 어린 해변
마음속에 담아주렴
너와 나의 고운 진실
나의사랑 그대는 지금
어느 능선에서 잠자고 있을까?
외로운 마음으로 내일로 돌아설 때
유월을 반주하는 회상이 창가에서 담은 묵념
사선을 달리며 변신의 의미를 담는다
아카시아 꽃향기에 취해버린
푸르른 숲에서 심서의 정기를
유월의 신록에 잠재우리.

너

흐르는 눈망울로
쌩긋 웃는 너에게
벙어리 되어
고운 내 손 꼭 잡으며
고개만 마냥 끄덕였지
흐르는 세월 속에
숨길 같은 그 정성
난 무엇으로 답하리
칠천만의 파수꾼
그늘진 자유인 심정으로
저무는 내 육신을 굳게 다짐하며
넓은 너의 품안에서
영원히 너를 지켜 주리라.

달밤

등불을 끄고 자려하니
휘영청 창문이 밝아

문을 열고 내다보니
달은 예쁜 선녀 같이
내 뜰위에 찾아온다

달아 내 사랑아
내 그대와 함께
이 한밤을 이 한밤을
이야기 하고 싶구나.

흐르는 강물

보라! 강은 흐르고 있다
숲과 초원을 해쳐가며
빛 아래서도 그늘에서도 흐르고 있다
때로는 빠르게 때론 느리게
산과 계곡과 하천과 평지를 돌면서
물결은 물결을 따르면서
가는 길 그 길은 어디를 향하고 있는지
알 수 없는 긴 대로를 가고 있다
마치 오대양에 큰길을 연결한 것처럼
끝없는 잠의 세계로 강은 흘러간다
새로운 발견을 위하여 강은 흐르고 있다
흰 조각 검게 물들이기는 쉽지만
검은 조각 희게 만들기 어려우니
흐르는 물 맑게 흐르도록 뚝 쌓지 말고
꽃이 시들지 말도록 껴안지 말고
등불이 바람에 꺼질까 외투로 덮지 마라
힘차게 노래 부르면 거문고줄 끊어지나니
스스로 흘러가는 저 강에 뚝 쌓지 마라
강물은 천년이 지나도
흐르고 흘러 쉬지 않으며
태산은 만년이 지나도
높고 높아 움직이지 않으니
성품과 마음 저기 높은 산

움직이지 않음을 본 받으라
하늘에 맑게 비추는 달 갖지 못하니
거울에 비치는 너의 모습 생각하라.

밤은

내게만 차갑게
향을 켜 대는 산은
묵향내음 이고서
손을 내밀어 보면
불어 올것만 같은
당신의 숨결
오늘과 내일의
겹으로 이어지는
고독이 포함된 이밤에
영원한 숨결은 끝나리니.

비 오던 날

머언 하늘 아스라한 꿈속
영원한 추업 속으로 돌아가는
푸른 하늘이 용트림하여 뱉어낸
하늘이 재앙을 주던 날
솟구치는 빗물이 모이고 모여
산과 강과 바다를 이루고
넋을 잃은 우리네 사람들은
오늘의 맑은 하늘을 보면서
빤짝이는 별에게 원망 한다
설익은 오곡백과 가슴속에 묻어
농부들 마음 피멍들고 물벼락 맞은
백성들 하늘보고 원망한들
둥그런 보름달은 연등처럼 피어오른
마음속에 추억되어
한줄기 염원되고
비가 오기만 기다렸던 농부 마음은
강물이 바다가 됨으로
짐 되어 고통은 늘어만 가고
나의 마음 또한 강물 되어 멍든다.

계절을 따르는 因緣

땀 흘리던 여름 무더위도
참지 못할 것 같아 얼음물 찾아
찾아 나선 숲 속 그늘 샘터에서
처서라는 가을의 길동무와 함께
세상 삶을 주고받고 있습니다

때가 되면 가는 것을
마음 급하여 발걸음 옮기고 다가선들
여름이 긴긴 해는
해가 뜨고 달이 지면
인간의 삶과 운명도
다가오고 멀어져 가는 것입니다

인생이란 주어진 대로
열심히 더우면 땀 흘리고
추우면 외투 입고
웃기도하고, 울기도하며
노력하면서 물처럼
새옹지마처럼 살아가야 합니다

가을에 알찬 수확을 기대하며
심혈을 기울이며 혼신이 힘을 다하여
행운이 여신이 주어다가 주는

천록天祿과 함께
하늘이 주는 대로
열심히 살아가야 합니다

오고 감에 어찌 인연이 없으리오만
세상에 올 때도 모르고 왔으며
갈 때도 언제 어디로 갈지 누구도 모릅니다

이 세상에 온 이상
아름답게 살아야 하며
탐욕으로 이루어진 모든 것은 집착이 따르고
괴로움을 만드나니 버려야 합니다
탐욕은 끊임없는 분노를 만들고
어리석음이 지배하여
마음을 괴롭히는 것임으로
인연이 다할 때
모든 것 같이 사라질 것입니다
하늘이 주는 춘하추동에 맞추어
우리는 열심히 주어진 대로 살아야 할 것입니다.

제4부

모닥불

1. 우리는 지금
2. 모닥불
3. 마음
4. 부평초인생
5. 흐르는 세월
6. 겨울 회상
7. 눈
8. 하늘은 말 한다
9. 하늘은
10. 손끝에 남은향기
11. 물소리 바람소리
12. 그것(This that)
13. 청산가자
14. 가을 하늘

우리는 지금

우리는 지금 숲에 와 있다
간밤에 달맞이꽃 싹에서
이슬을 털어주고 받던 말 속에 와있다
말하지 않아도 흐르는 강물
뜻하지 않아도 몸짓하는 새들
가장 아픈 곳으로 이 시간
새들은 눈떠 새우고 긴긴 밤을 밝혀 새운다
참으로 강한 적 앞에 참으로 강한 자는 말이 없다
우리는 지금 숲에 와있다
늘 푸른 향 일생은 숲을 안다
때가 낀 화살을 닦으며
우리가 서 있는 자리를 빛내고 있다
숲 속에 서서 아픔도 게시인양
푸른 잎사귀로 가리고
우리는 지금 숲에 와서
강한 자의 맥을 담아 일어서며
빛으로 부신 눈을 닦는다.

모닥불

임이여
당신이 가슴이 깃든 품안에
나는 꿈으로 젖어 있습니다
이제 들국화 피는 마을에서
임에 아름다운 꽃으로 단장하고
당신의 조그마한 집을 지었습니다
해와 달이 뜨고 지는
마음속 깊은 터전을 일궈
무지개 꿈 피울 둥지를 마련하였습니다
대리석에 쓰일 글을 생각하며
죽어서 석상이 될 때까지
강과 산을 누비는
꽃을 피우고 있습니다.

임이여!
당신의 꽃은 탐스럽습니다
당신의 향기는
내 가슴 구석구석에 베어들어
정의에 분노를 지키는
아름다운 주춧돌이 되었습니다
이 한 몸
임의 뜻을 이어받는
아름다운 자유에 금강송이 되렵니다

날아가는 산새 다 불러 모아
활활 타오르는 생명의 불꽃을
노래하게 하렵니다
이 나라에 가슴에 핀
자랑스러운 꽃이 되도록
노래 부르렵니다.

마음

그대 마음 홀로
녹음방초 위에 앉아서
아카시아 향기 그윽한 길을 따라
동경의 세계를 그리다
그만 잠이 들어 꿈속에서
님을 만나 속삭였다
꿈속이 생시 인양
잊히지 않을 추억 속에
융화된 한 마리 학으로
혼자만 서 있구나
새싹이 나고 녹음방초가 져도
단풍이 채색되고
눈이 펑펑 쏟아져도
마음은 항상 둥근 보름달과 같이
수정을 그리다 그만 잠이 들었어라
하얀 백지를 그리다 잊혀버린
추억 속에 사라진 조각달
오늘 산 중턱에 걸렸구나
바람이 불어와 데리고 가도
남아있는 전설 위에 홀로 가득하여라.

부평초인생

시간의 안갯속에 숨긴 비밀
신기루와 함께 사라지고
산 위에 머문 구름
바람 따라 흘러간다

세상 이치 깨닫고자 하나
부평초 같은 인생 삶
석양에 지는 해 바라보며
깊은숨 몰아쉰다

바람 매서운 수월봉
차귀도 바닷물이 철썩 파도 쳐도
바다 갈매기 홀로 고기 잡는다

천만년 살고자 한들
시간 멈추지 않으니
바람에 밀려가는 구름 같은 인생
보이는 것 모두 신기루더라
수월정에서 달과 함께 별과 함께
흰 구름만 바라본다.

흐르는 세월

내일을 볼 수가 없어서
오늘 여기에 주저앉아
청춘을 뒤돌아 봅니다
세월은 흘러만 가고
사연은 남았는데
자연은 꽃과 나비를
멀리하고 바람만 불어옵니다
사랑을 알고
마음을 이해하고
세상을 안다지만
겨울에 내리쬐는 햇살은
차갑기만 합니다
늙은 고목은
겨울 찬바람에 허리 굽혀도
보는 사람 반기는 이 없으니
세 봄 오는 춘삼월 새싹과 함께
강남 제비 물어다 주는
소식 기다리다가 나 오늘 여기에
주저앉아 잠들었구려.

겨울 회상

아득한 날에
실 끊어진 연이
허공을 날았습니다
소년은 연이 날아가
닿을 나라를
생각했습니다
들을 지나고, 산을 넘고, 바다 건너서
닿을 나라를 생각했습니다
바람은 소년에 머리를 흩날렸습니다
소년은 실 끊어진
연이 날아가
닿을 나라를 지금도 생각하고 있습니다.

눈

잡아도
잡아도
결코
내 것일 수 없는
은빛 화살
싸늘한 언어

내 어깨 위에
내려쌓이는
날개 고운 나비
안타까운 나비.

하늘은 말 한다

하늘은 말한다
하늘은 나에게 말한다
사람에겐 천지가 하나요
시작도 끝도 하나라고
인생 활동은 살아있는 동안
잠시 빌려 쓰다가 가는 것,
돌고 돌며 여러 번 오가는 것,
죽어서 갈 때는 한 가지도 가지고
갈 수 없기에 깨끗하게 사용하라고
본시 마음은 밝으므로 뒤돌아 보면
세월이 가고 변하여도 모든 근본은
변함이 없다는 것을……
해와 달이 뜨고 지고, 꽃이 피고
벌 나비와 새들이 노래하는 개천 일에
자연의 아름다움과 더불어 하늘이
전하는 말을 되새김하며,
밝고 아름다운 이 세상 후회 없는
나날을 보내어 아름다운 이름 석자
후손에게 기억 되도록 노력하여라.

하늘은

하늘은
항상 열려 있습니다
누구에게나 다 열려 있습니다
부자 이거나
가난뱅이 이거나
건강한 사람이거나
아픈 사람이거나
우리는 늘
하늘을 보면서 살아가고 있습니다
하늘을 볼 때마다
생각나는 사람이 있습니다
늘 우리를 위하여
지켜주는 분입니다
말도 없고
소리도 없으며
볼 수도 없습니다
마음이 선한 사람에게만 나타나는
마음이 궂은 사람은 볼 수가 없는
그러한 하늘입니다
구름 한 자락 없는 티 없이 맑은
하늘은 언제나 평온 합니다
내게 주는 마음인 것입니다
아침이나 저녁이나

밤이나 낮이나
누구에게나 다 보이는 하늘입니다
하늘은
항상 열려 있는 것입니다.

손끝에 남은향기

님과 더불어 한세상 살고 지리라
손끝에 남은 향기로
임 생각에 한세월 흐르고
영실에서 구름바라보며
임을 불러 보건만
임은 대답 없고 힌 구름만 스쳐가네.
꽃피는 봄이 돌아오면 제비가 전하는
기쁜 소식 국보에 공지 글 따로 주리라
모진 겨울 눈꽃 속 아름다움
잉태한 봄은 또다시 찾아오건만
임은 보이지 않고
흰 구름만 떠다니니
아! 이것이 세상이란 말인가!
손끝에 남은향기
아! 구름 같은 인생이여
나에 마음 녹여줄 이 누군가!

물소리 바람소리

어디서 산들바람이 불어 오는가!
나를 부르는 소리가 들려온다
물소리도 들린다
바람소리도 들린다
산이 나를 오라고 한다
하늘에 떠 있는 구름이 나를 부른다
산이 봄을 사랑 할 때
산수는 숨을 죽이고
구름숲에 머물렀다
복수초가 고개를 내밀고 웃고 있다
강호는 봄을 찾고있네
꽃은 어떻게 하여 피고지는가?
눈 먼자의 마음을 아는가!
눈이 먼자의 느낌을 아는가!
어리목 까마귀가 산들바람과 함께
등정 하자고 노래를 한다.

그것(This that)

그것이 차이는 시간 입니다
그것은 죽은 것이 변화입니다
모르는 사람들은 알게 되고
가까웠던 사람들이 멀어 집니다
우리는 늙어가고
나무는 더욱 성장 합니다
젊음이 자랑은
꿈과 성장과 그리고
무한한 가능성입니다
동면하는 벌거벗은 나무와도 같이
우리는 숨을 죽이지만
속으론 알찬
꿈을 키워야 합니다.

청산가자

새가 수래 몰고 청산 가잔다
바닷가에 갈매기 날고
구름 위 무지개 넘어 우도봉
소등 타고 피리 부는 동자여
청산에 풍월은 어디 메느뇨
흰 갈매기 쉴 곳은 어디 메느뇨
적송 옆 담수 속 은빛용 물을 토하고
등 뒤로 비추는 석양 돌담길 허문다
새의 수레에 의지하여 청산 가니
청산에 바다 갈매기 꺄륵 꺄륵
반기며 맞이하는 듯
석양 노을만 쳐다본다
영주瀛洲의 주인은 누구이며
탐라耽羅영실의 주인은 누구인가?
청산에 피리부는 동자여
초목 속에 우거진 오솔길 위
청산의 동악東嶽 봉우리에서 새로이
떠오르는 태양 구름 속에 잠긴다.

가을 하늘

빗속 하늘
새벽 가지 흔드는 바람 소리에
몸을 뒤척이면서
새벽 창가에 앉아 강가를 바라본다
강 언덕 위를 오르던 날
날아오르던 산비둘기 푸드덕
날갯짓하는 소리에
햇살은 구름에 가리고 비가 되어
대지를 적시던 날
맑은 가을 하늘은 수재의 먹물로 뿌려져
수심愁心을 달래었고
가을 하늘은 여물어 가는 가지가지마다
오곡백과를 찾는 새들의 노랫소리가
내 마음을 무겁게 한다
비가 강을 이루고 바다로 흘러들어
잔잔한 바다 된 옥빛 물소리는
가을 바람결을 따라 뜰을 채운다.

제5부

인생

1. 별이 되렵니다
2. 인생 1
3. 인생 2
4. 인생 3
5. 돌 위에 앉아서
6. 새벽
7. 영실향기
8. 山水
9. 살다보면 안다
10. 일출
11. 비 · 바람 치던 날
12. 그 마음 알길 없네
13. 가는 곳 걷는 길
14. 한순간의 기도
15. 삶

별이 되렵니다

별이 되렵니다
누가 가지려 하겠습니까?

별이 되렵니다
누가 빼앗으려 하겠습니까?

시간이 되었습니다
나만이 주어진 아무에게도
넘겨줄 수도 없는

빼앗길 수도 없는
자신의 시간이 되었습니다

어둠 속에서 묵묵히 자리 잡은
웅장하고 장엄한 별이 되렵니다

무늬와 향기를 마음으로 느끼는
아름다운 별이 되렵니다.

인생 1

너와 나의 행복은
웃음으로부터 시작한다
인생의 즐거움은
마음이 아니던가
마음속에 무지개가 있으면
아름다운 즐거움이 있고
마음속에 고뇌가 있으면
번뇌하는 괴로움이 따른다
아침 이슬도
소가 마시면 우유가 되고
뱀이 먹으면 독이 된다
내 생의 즐거움은
소가 되어야 한다
가을이 가는 길목에서
생이 즐거움을 노래하고
웃음으로 살아가는
인생길을 거북이처럼
소처럼 살아가자.

인생 2

언젠가 나도 저 나무들처럼
모두를 내려놓을 수 있을까?
비우면 가벼운 줄 알면서도
내려놓으면 가벼울 줄 알면서
마지막 남은 한 잎 담쟁이처럼
붙어서 떨어지지 않으려고
발버둥 쳐본들
시간이가면
어차피 너와 나는
순서가 정해져 있지 않은
잠속으로 인생길을 걷고 있는 것
언젠가 숯덩이 되기 위해
지금도 나는 마음을
용광로처럼 활활 태우고 있다
항룡유회亢龍有悔*가 아니기에.

*항룡유회亢龍有悔:꼭대기에 오른 용은 자칫 후회하기 쉽다는 말이니 목표를 이룬 사람은 더 이상 오를 수 있는 길도 없으니 쇠퇴한다는 말.

인생 3

바람 불면 아픈 가슴
돌아보니 무심한 세월
바다 위에 돛단배
구름 보며 멈춰 선 곳
마음이 흐르는 강
중년의 사랑과 추억속에
꽃피는 사랑노래
골골이 울려 퍼지는데
심수만경전心隨萬境轉이요
현어행사見於行事로다.

돌 위에 앉아서

시작도 끝도 없는
세월의 강
당신의 존재를 보고
나의 의미를 깨달으며
영혼을 달린다
달리다 지쳐서 돌 위에 앉은
내 사랑이여!
시간아, 멈춰다오!
달도 함께 태양도 함께
떠오른 태양이여
나는 너를 사랑하는데
왜 너는 대답이 없는가?
세월의 강은 흘러가는데
내 사랑은 돌 위에서
움직일 줄을 모르니
망부석인가!
뜬구름 같은 부평초인가!

새벽

파란 하늘에
아침 구름 걷히고
낙엽 젖은 입세에
칼날 같은 바람이 스칠 때
마지막 남은 잎사귀
간밤에 지친 듯 파르르 몸을 떤다
자욱한 안개 속에
빨간 기온이 감돌 때
간밤을 지새운 참새 떼
아무것도 모르는 양
새 생활에 바쁘다.

영실향기

둥근 해 떠오르는 무자년 새 아침
하늘 꽃 나무마다 눈꽃 갈아입어
구름 사이 보인 해님 마중 가네
천 년 영실 계곡 천 그루 소나무
하얀 청동 거울에 비친 석상모습
너에 마음 나에 마음 절묘한
풍벽운천風壁雲泉
구름 속의 풍경화인데
님 마중 가는 길에 피어난 꽃
추운겨울 눈 속에서 향으로 퍼지누나.

山水

산은 음이요
물은 양이다
산은 사람이 형체요
水는 사람의 혈맥이다
태양은 물이요
달은 산이로구나
일월이 만나서
밝고 어둠을 만들고
山水와 大地가 만나서
초목이 무성하더라.

살다보면 안다

잠시 왔다 가는 세상 소유함이 무엇인가
욕심부려 얻어본들 살다 보면 알게 되네
이 몸 죽어 흙이 되면 아무 소용 없는 것을

인생 삶이 백 년 살까 천 년 살까 생각하라
바람 힘에 구름 타고 높이 올라 세상 본들
부귀영화 많은 재산 천년만년 못 가진다

신생자원 발굴하고 애정 꽃에 향을 피워
세세연년 정진하며 오대양을 항해하세
가정위탁 지원센터 무궁 발전 탑을 쌓아

오가는 이 정을 붙여 삶의 터전 마련하여
봄가을에 화려한 꽃 모두모두 볼 수 있게
아름다운 제주도에 정신터전 마련하고
향기 좋은 아름나무 아주 많이 심어보세

더운 여름 그늘 되는 아름드리 천년송과
국보 일호 재목되는 금강송을 심어보세
봄 되기 전 피어나는 백설 속에 매화처럼
소리 없는 향기 꽃을 모두 함께 피워보세.

일출

물씬 봄이 향취가 감미롭게
수평선 저 끝에 발갛게 채색된
하늘과 바다
또 구름사이로
접시위에 올라앉은 한 개의 홍옥처럼
붉은 태양이 조심스레이
떠오른 하루가 열리고
마음이 열리는 이아침
번영이 제주섬은 솟아오른 태양처럼
끝없이 타오른다
오늘도 내일도
그리고 먼후일까지도……

비 · 바람 치던 날

파란 하늘 아스라한 꿈 속
영원한 추억 속으로 돌아가는
푸른 하늘이 용트림하며 뱉어낸
하늘이 재앙을 주던 날
솟구치는 빗물이 모이고 모여
산과 강과 바다를 메우고
넋을 잃은 우리네 사람들은
오늘의 맑은 하늘을 보면서
빤짝이는 별에게 원망 한다
설익은 오곡백과 가슴속에 묻어
농부들 마음 피멍들고 물벼락 맞은
백성들 하늘보고 원망한들
둥그런 보름달은 연등처럼 피어오른
마음속에 추억으로 한줄기 염원만
하염없이 비가 오기만 기다렸던
농부들의 마음은 강물이 바다가 됨으로
짐 되어 고통은 늘어만 가고
나에 마음 또한 강물 되여 멍든다.

그 마음 알길 없네

술에 취하고
꽃에 취하고
봄바람에 취하여
나이도 깜박한 채
청춘인양
착각하고 살아간다네

마음아
너는
언제나 젊었느냐?
꽃 보면 반갑고
술잔 들면 웃음난다

봄바람에
꽃향기 품어본들
너에 늙음이야 어찌 감출 손가
계절 멈추지 않으니
내 늙음 감출 수 없고
물이 깊고 산이 높다 해도
한 치밖에 안 되는
그 마음은 알길 없네.

가는 곳 걷는 길

가는 곳 우여곡절 뉘라서 없었던가!
창파에 배 띄워서 정처 없이 흘러가는
아름다운 꿈을 찾아 쉼 없이 걸어가네

산 넘고 물 건너서 부상나무 보이는 곳
꿈을 안고 걷고 걸어 반세기가 흘렀건만
세월 흐름 인생 길 가는 길 알 수 없네

전설 속에 살아나는 그때가 언제련가
오현학원 굽이돌아 별도천에 정착하고
증주벽립 현인정신 지역마다 자리했네

인생은 구름처럼 떠도는 바람 속에
흐르는 세월에다 글과 함께 상념하네
머무르려 하는 곳 그 곳이 어드메냐

우리가 사는 세상 혼자 걷는 길이 아닌
모두 함께 사랑하고 웃으면서
손잡고 걸어 나가야 할 곳인 것을.

한순간의 기도

생명이 의미를 알았습니다
시간의 모습을 느꼈습니다
당신에 표정을 알았습니다
당신에 음성을 들었습니다
울어도 좋고 웃어도 좋은
아무래도 좋은 황혼입니다
머물러도 좋고 떠나도 좋은
아름다운 사랑입니다
그러나 한순간도 놓을 수 없는 것도
애달픈 생에 집착을 놓아야 합니다
두 손을 모아 기도를 드립니다
천둥 번개와 함께 비바람이 불어도
이내 몸 무사하게 해 달라고!

삶

어둠 속에 잠들어 버린 공간
허망한 순간들의 이음
텅 빈 가슴
한 공간을 스치는 바람 소리
차가운 입김으로 가슴에 온다
거울을 바라보며
일상의 괴로움과 설움
눈물의 절규로도 떨어 버릴 수 없는
인생의 사치와 향락
빛이 없는 비애 속의 삶보다는
차라리 들을 수도 볼 수도 없는
다만 순간의 망각만의 영원하도록
세월이여!
이대로 돌이 되게 하여라
천 년의
비바람에 시달린
고통의 참맛을 맛볼 수 있도록
바람이여 이대로 돌이 되게 하여라
빗방울치고 바람이 스쳐도
마침내 먼 날
하늘이 한 조각
떨어져나와
새가 되어 날아

내 단단한 어깨 위에 찬란한
벗이 되게 하라.

제6부

낭만편지

수각사愁覺史

닫힌 창가에 앉아있는
가난한 혼이여
세월이 가면
이끼 낀 석상 되는 줄 알면서
옥고 만들기에 여염이 없구나
때묻은 눈동자에 눈물을 감추고
곱고 아름답게 죽어간 현인들
그 옛날이 이야기들
파도처럼 밀리고 밀려와
사랑으로 어우러진 현실
끝이 없는 신에 사랑
빛으로 응고된 둥근 돌 공이
손끝으로 기록된
혼이 깃든 땅에서 지금도
향 내음 맡으며 잠들고 있구나.

인애

탐욕이 있는 곳에서 보시를
증오가 있는 곳에서 자비를
분쟁이 있는 곳에는 관용을
무지가 있는 곳에는 지혜로
눈을 뜨게 하옵소서

그리고
가난이 있는 곳에는 풍요로움을
거짓이 있는 곳에는 진실을
절망이 있는 곳에는 희망이
일어나게 하옵소서

삼라만상 모든 이
불국토 인연되어
자비광명 성취 하옵소서.

춘하추동

봄이 오면 꽃이 피어 즐겁고
여름이 되면 사람들은
땀 흘리지 않으려고
시원한 그늘을 찾누나
무더위 지나
가을이 오면 수확 된 열매 보면서
마음에 위안을 삼고
겨울 되면 하늘에서 내리는
하얀 눈과 함께
대지위에 쌓인 눈을 보면서
즐거움을 느끼고
다가 올 봄을 기다리며
삶의 노래를 부른다.

어느 봄날

푸르른 잔디밭에
홀로 누우면
들녘에 아지랑이
아늘거리고
하늘엔 몇 가닥
머문 조개구름
꽃 수술 위에 조는
흰나비 하나
왕벌이 이따금
울고는 가고
나 지금 태고에
있는가 싶어
마음도 까닭 없이
구슬퍼 진다.

내 스승은 누구인가

저 기가는 저 나그네 무심히 홀로 봄을 즐기네
푸른 언덕에 새봄이 찾아와도 고목된 소나무
그늘 가리지 못하여 뜨거운 태양 등진 채
가지는 찬데 이마는 땀방울이 송송 맺히었네

봄꽃들 자태를 뽐내는데 민들레 상사화 되어
끝내 잊지 못함 스스로 부끄러워하네
어젯밤 불어오는 바람에 창문 열어 마중하고
영주섬 후인 보는 이 없어도 영실로 불러본다.

대성산 回想

대성산 기슭에서
젊음과 기상과
피와 땀과
정성을 쏟았노라!

하얀 계절의 천사가
우리를 맞이하길 세 번!
진달래 꽃 향기가 몇 번이던가!

아카시아 꽃잎
아름다운 신작로를 따라
우리는 힘차게 달리며
북녘을 향한
눈빛을 번쩍였었지

전우들이여!
잠깐 머물렀던
우리들의 생활에
더 보람찬 내일을 향하여
지켰던 추억의 페이지가
나 지금 이 자리에서
하얀 천사가 세 번 맞이했던 계절을
생각하면서 그 시절을 그려본다.

영산瀛山

앞산에 실안개는
산허리를 두르고
정든 님 두 팔은
내 허리를 감는다
새로운 정분에
백골이 살짝 녹는다
당신은 누구요
이내몸은 구군가?
성만 달랐지
한 몸둥이로구나.

망양정望洋亭

망양정에 올라서서
바다를 바라보니
빤짝이는 금 물결 달빛에 어리고
보름명월 바라보며
벚꽃 지는 소리 들어보니
밤하늘 별들이
진리로 향하는 길 알려 주네
삶과 죽음, 슬픔과 희망, 존재의 번뇌는
마음에 진리를 찾아서
오늘도, 내일도
정진을 멈춰 서지 않는구나
망양정 아래로
들리는 바람소리
바람 새에 지는 꽃잎
눈꽃 되어 사라지누나.

산정山情

조락(凋落)이 서러워 차라리 하늘로 불타버리는
가을의 山情은 그러나 우리에게 맑은 예지(銳智)와
생명(生命)의 충일감(充溢感)을 준다
봄철의 산들은 선으로 말한다
봄 산의 능선은 어느 계절보다
여리고 멀고 부드럽다
여름철의 그것처럼 주리지 않고
가을의 그것처럼 날카롭지 않고
겨울철의 그것처럼 흐리지 않다
그것은 여인의 젖가슴처럼 여리고
그립도록 멀고
졸립도록 부드럽다
그래서 우리는 봄 산의 능선에서
졸면서 휴식하는 여인의 젖가슴 같은
위안과 오래도록 잃어버린 향수를 되찾는 것이다
또한, 봄의 산은 오만스럽게 위압하지 않고
차갑지 않으며, 침묵하지 않고
험상 굳게 우리를 시험하지 않는다
봄은 너그러운 기다림의 계절
그것은 여름으로 가는 길섶 위에 너그럽고
덧없는 축복의 계절일 뿐이다
바위 그늘에 남아있는 전설
아직도 노란 잔디 위로 솟아오르는 할미꽃 봉우리

푸른 초원 위에 흔적없는 작은 산새의 날개소리
졸졸졸 바위를 돌아 흘러내리는 차가운 시냇물 소리
내리는 듯 마는 듯 머리칼을 적시는 가는 이슬비
그리고 좀 더 늦게는 온산을 물들이는
진달래꽃 무리와 무성하게 부풀어 오른
보리밭 위를 굴러가는 여린 바람결인걸.

日出香

바람은 일출 바다 저편에서
시작 없이 불어오고
파도의 물결 따라 그리는 마음
하염없이 밀려온다
저녁노을이 올 줄 알면서
아른거리며 다가오는 그리운얼굴
아름다운 파도 숨결 속 빨간 홍옥이
멀리서 밀려오는 파도에 실려온다
쟁반에 담은 듯 두둥실 떠오른 태양
꽃 편지 띄워 그리움 담은 일출
내 마음은 뜨거운 손
마디마디 마다
편지를 주섬주섬 모아 읽으며
한층 사무치는 그리움 따라
물결도 내 마음을 어루만진다
바람은 어디서 오는 것인가
떠오르는 태양과 함께인가
밀려오는 파도와 함께인가
알 수 없는 그리움에 얼굴들
기다리는 가을향기 맞이하고파
그대 일찍 만나려고 일출 바다
저편까지 꼭대기까지 올라가
맞이한 향기 내 사랑 그대여

석양이 수평선에 마주앉아
아른거리는 물결과 어울리며
가슴속 영혼과 함께 사라지는구나.

영주산 가을

아침이슬 향기 머금고
새벽녘 옷소매 적시며 산길 걷는 나그네
간밤에 내린 한 가닥 빗방울이
솔잎에 붙었다 떨어지는 그 모습 보니
옥구슬처럼 영롱하게 마음속에 비추는구나
봇짐 하나 둘러매고 누더기 옷 입고서
세상사람 보거나 말거나
발 가는 데로 저 홀로 걷는구나
지치면 홀로 앉아 피리 한 곡조 불면서
별빛 반짝이는 소리 사라질 때쯤
첫닭 우는소리에 동녘 하늘 바라보니
저 달도 날 따라 새벽길 같이 걷고 있구나
천 년을 두고 흐르는 영실 계곡물
만년이 되어도 변치않는 영주산
저 혼자 잘났다고 석상 된 오백 나한
높은 봉우리에 속세 시비 다 걸어두고
세상구경 하려 새벽 산길 걷고 있네
산길 걷던 산승 단풍나무 밑 물가에 앉아서
달과 함께 벗하여 흐르는 물소리에
모든 시비 다 씻어 보내는구나.

무영산

울려라 금종이여
메아리 여운 타고서
화염산 같은 번뇌
빈 하늘에 화음되여 사라져라
세간의 선남선녀 가슴깊이
숨긴 상처를 달래이며
말겁에 고해너머 피안에의 길
은은히 들려오는 환성의 종소리
님 향한 그리움
비록 오늘은 시련을 딛는
땅이지만
향심으로 젖어온 나날로
빈 하늘 우러러
새 시대의 사명감으로
만세의 태평을 열으고져
웰빙의 성세 십자가 짊어지고
영산 향한 발걸음 바쁘기만
고향산천 찾아가는 갑남을녀
새 시대 알리는 종소리 듣는지
순례로 밟아온 납자들의 얼굴
석양하늘 노을빛 속에 웃음 짓는
번뇌마저 보리심이어라.

고향이 좋아라

물처럼 흘러간 회갑이 금수강산
고향을 등진 후 타향에 마음 심어
반평생 세월이 꿈속에 아련하네

내 고향 그리는 뜨거운 심장 속엔
보름달 볼 적마다 고향 생각 절로 나네
향리 어른 하시던 말 늙으면 안다던데

타향에서 텃밭 일궈 고향이 되었건만
마음속 허전한 건 옛정이 그리워서
고향이란 말만 들면 동무 생각 절로 나네

냇가에서 홀랑 벗고 미역 감던 그 생각
흐르는 세월 속에 돌아보는 금수강산
옥쟁반에 올려놓고 내 마음 돌이킨다

타향도 정들어 내 마음 땔 길 없건만
도평都坪마을 고봉기 큰 내 궁수 나라 소
성하 무더위에 튜브 갖고 놀던 시절

나이가 들어가니 고향 생각 절로 난다
세월이 흘러가니 동무 생각 절로 난다
고향 떠난 불혹세월 유수 속에 청춘 갔네.

산지기

산은 허리 굽은 거인
인자한 얼굴에 홍조 꽃 피면
머루 다래 산금* 여물어 간다
수많은 세파* 심상*은
영금*에 보내고
청노루 하얀 꿈이
골골이 펴질 때
산속 산지기는
밤새 잠 못 이룬다
비단옷 불타는 깊은 산
산지기는
수억만 전설을 챙기고
산 노래 부르며 산에서 사누나.

[주]
산금:山禽(산새)
세파:세상풍파(世上風波)
심상:心想(마음속에생각)
영금:靈禽(신령(神靈)한 새. 상서로운 새. 봉황(鳳凰)을 이르는 말.)

삼월의 민들레

아 은 해전
겨레가 하나로
흰옷을 입고 황토에 피를 뿌렸다
칼바람이 영육(靈肉)을 할퀴어도
뿌려진 땅속 응결된 민족혼의 뿌리는
맥맥히 그 정신을 이어 지금까지 왔다
환희에 물결 속에
꽃망울을 맺으려는 순간
한 마리 고약한 까마귀가
겨울을 몰고 와
북으로 앉은 후
58년 동안이나 북녘 땅에는
민들레가 피지 않고 있다
봄소식도 오지 않고 있으며
가지도 못 한다
그렇지만
바람을 타고 민들레 꽃씨는 북녘 땅으로
우리들의 소망을 담아
한 마음으로 띄우고 또 띄운다
얼음이 녹듯 차츰 봄은 오고 있으며
그리하면 민들레는 삼천리 방방곡곡에
천연(天然)히 피어나리라.

작품해설

양태영의 시 세계

생명과 시간성 그 존재의 융화

김 송 배
(시인. 한국문인협회 부이사장)

1. '생명의 의미'와 시간성

우리들이 살아가는 존재의 의미는 무엇일까. 많은 시인들이 이러한 화두(話頭)를 끌어안고 앉아서 골돌하게 집착하는 모습은 작금(昨今)의 고뇌가 아니다. 시란 무엇인가라는 의문은 인생이란 무엇인가의 해법을 찾으면 자연스럽게 그 문제가 해결된다는 대답이 신뢰를 확보할 것 같다.

왜냐하면, 우리 시인들이 추구하는 시적 진실이 바로 우리들 생명과 존재의 문제와 상관성을 갖기 때문에 자아(自我)의 인식에서부터 고뇌와 갈등 등의 화해로 성찰과 기원의식에까지 열정적으로 탐색의 끈을 놓지 않는 시인들의 노고를 이해할 수 있을 것이다.

대체로 현대시의 주제는 그 시인의 체험 속에서 숙성된 정한(情恨)의 다양한 형태들이 그의 진실로 승화했을 때 비로소 한 편의 작품으로 태동하여 그가 전달하고자 하는 내면의 진실이 적절한 언어를 통해서 형상화하게 되는 것이다.

여기 양태영 시인이 상재하는 시집『모닥불』의 원고를 일별

해보면 이와 같은 그의 정서와 사유(思惟)의 지향점이 바로 존재의 의미와 생명성에서 융합(融合)하는 시간(혹은 세월)과 밀접한 관계를 형성하게 되는 현실적 교감을 이해할 수 있는 점을 간과(看過)하지 못하게 된다.

일찍이 미국의 사상가이며 수필가인 R.W.에머슨이 말하기를 '시는 단 하나의 진리이다. 명백한 사실에 대해서가 아니라, 이상에 대해 말하고 있는 건전한 마음의 표현이다.'라는 언지로 시의 진실은 현실보다는 이상(理想)에 대한 우리 마음의 향방(向方)에 따라서 진리와 진실이 보다 고차원으로 현현된다는 논지가 설득력을 얻고 있다.

생명이 의미를 알 것도 같습니다
시간의 모습을 느낄 것도 같습니다
당신에 표정을 알 것도 같습니다
당신에 음성을 들을 것도 같습니다
울어도 좋고 웃어도 좋은
아무래도 좋은 황혼입니다
머물러도 좋고 떠나도 좋은
아름다운 사랑입니다
그러나 한순간도 놓을 수 없는 것도
애달픈 생의 집착을 놓아야 합니다.

——「한 순간의 기도」 전문

여기 그의 작품에서 유추할 수 있는 것은 이제야 인식할 수 있는'생명의 의미'이다. 이 생명성이 다시'시간의 모습을 느낄' 수 있는 시적 상황(situation)의 설정은 양태영 시인이 그동안

인지하지 못한 인생학적인 요소들을 시를 통해서 자인(自認)하는 단계를 적시하는 그의 발성법(發聲法)이다.

그는 이미 '한 순간의 기도'라는 암시(暗示)에서 '당신의 표정'과 '당신의 음성'을 알 수 있다는 어조(語調)에서 감지(感知)할 수 있듯이 그는 이러한 다감(多感)한 발상의 원류에서'아무래도 황혼'이며'아름다운 사랑'임을 알게 된다.

그러나 그가 마지막 결론으로 제시한 '한순간도 놓을 수 없는 것도 / 애달픈 생의 집착을 놓아야'한다는 비장한 언술은 그의 단순한 '기도'가 아니라 우리들에게 적시하는 인생의 메시지로서 공감(共感)의 영역을 확대하는 효과를 보여주고 있다.

거울을 바라보며
일상의 괴로움과 설움
눈물의 절규로도 떨어 버릴 수없는
인생의 사치와 향락
빛이 없는 비애 속의 삶보다는
차라리 들을 수도 볼 수도 없는
다만 순간의 망각만의 영원하도록
세월이여!
이대로 돌이 되게 하여라
천 년의 비바람에 시달린
고통의 참맛을 맛볼 수 있도록
바람이여 이대로 돌이 되게 하여라

――「삶」 중에서

그렇다. 양태영 시인은'삶'에서 이해할 수 있는 바와 같이'일상의 괴로움과 설움'그리고 '인생의 사치와 향락'은 그에게서는 '눈물의 절규로도 떨어버릴 수 없는"삶'의 저해요소로 나열되고 있어서 그는 '빛이 없는 비애 속의 삶보다는 / 차라리 들을 수도 볼 수도 없는 / 다만 순간의 망각만의 영원하도록"세월(시간)'에게 '천 년의 비바람에 시달린 / 고통의 참맛을 맛볼 수 있도록 / 바람이여 이대로 돌이 되게 하여라'라는 강한 어조로 그의 진정한 내면의식을 분사(噴射)하고 있다.

이러한 어조는 작품 「인생 1」중에서 '가을이 가는 길목에서 / 생이 즐거움을 노래하고 / 웃음으로 살아가는 / 인생길을 거북이처럼 / 소처럼 살아가자.'라거나 「인생 2」중에서도 '발버둥쳐본들 / 시간이가면 / 어차피 너와 나는 / 순서가 정해져 있지 않은 / 잠속으로 인생길을 걷고 있는 것'등의 인식 단정은 그가 '삶'에서 체득한 인생이나 생명성에 대한 성찰의 집념이 강하게 분출되고 있음을 이해하게 된다.

그의 인생과 생명은 작품「돌 위에 앉아서」「살다보면 안다」「가는 곳 걷는 길」「우리는 지금」「흐르는 세월」그리고「그 마음 알길 없네」등에서 진솔한 인생관을 확인할 수 있으며 생명의 의미와 시간성의 융화를 이해할 수 있게 한다.

2. 고적한 공간과 기원의식

양태영 시인에게서 다시 확인할 수 있는 그의 심저(心底)에는 성찰에서 분사한 기원의식을 위한 절대 고적(孤寂)의 공간을 형성하고 있다. 이는 그에게 내재(內在)한 심리적인 변환(變換)일 수도 있겠으나 현질적인 생활(real life)에서 도출(導出)된 고뇌와 갈등 등의 요인들이 복합적으로 인생의 행로를 저해하는 요소들을 하나의 기원으로 형상화하여 다소나마 그

지향점을 명민(明敏)하게 적시하려는 그의 간절한 여망이기도 하다.

그는 이러한 간구(懇求)의 언어는 그의 인생관이나 가치관을 새롭게 정립하려는 계기로써 당연한 귀결(歸結)인지도 모를 일이다. 그것이 비록 허망일지라도 시인들이 즐겨 구사하는 시법임은 틀림 없다.

내게만 차갑게
향을 켜 대는 산은
묵향 내음 이고서
손을 내밀어 보면
불어 올 것만 같은
당신의 숨결
오늘과 내일의
겹으로 이어지는
고독이 포함된 이 밤에
영원한 숨결은 끝나리니.

――「밤은」 전문

우선 양태영 시인은'고독이 포함된 이 밤에'라는 시간과 공간 개념을 동시에 설정함으로써 그가 여망하는 '영원한 숨결'이 어떤 기원을 전제로 하는 서막(序幕)으로 '밤'을 노래하고 있다.

이러한 고적한 발현은'중천에 달이 보이거든 / 모두가 잠든 밤에 저 세상에 묻혀 / 다시는 떠오르지 않게 하라(「모두가 잠든 밤」중에서)'거나 '외로운 밤에는 / 자꾸만 별을 보고 싶다 /

더 외로운 밤에는 / 찬란한 유성이 되고 싶었다(「외로운 밤」중에서)'그리고 '달아 네 사랑아 / 내 그대와 함께 / 이 한밤을 이 한밤을 / 이야기하고 싶구나(「달밤」중에서)'라는 진솔한 어조와 같이 '밤'이 주는 고적함과 외로움에서 그의 기원은 출발하게 된다.

별이 되렵니다.
누가 가지려 하겠습니까?

별이 되렵니다.
누가 빼앗으려 하겠습니까?

시간이 되었습니다.
나만이 주어진 아무에게도
넘겨줄 수도 없는

빼앗길 수도 없는
자신의 시간이 되었습니다.

어둠 속에서 묵묵히 자리 잡은
웅장하고 장엄한 별이 되렵니다.

무늬와 향기를 마음으로 느끼는
아름다운 별이 되렵니다.

――「별이 되렵니다」전문

이 작품에서는 우선 기원의 의지를 현현하기 전에 '누가 가지려 하겠습니까?' 혹은 '누가 빼앗으려 하겠습니까?'라는 의문형으로 문제를 제기하고 있다. 이는 그가 '별이 되렵니다'라는 결론을 유도하기 위해서 전제된 의문인데 '어둠 속에서 묵묵히 자리 잡은 / 웅장하고 장엄한 별이 되렵니다.'라는 강렬한 기원으로 주제에 천착(穿鑿)하고 있다.

양태영 시인은 이와 같이 '밤'의 고적함과 동시에 그가 절규에 가깝도록 토해내는 소망의 언어는 더욱 설득력을 제공하고 있으며 공감이 확대되는 효과를 거둘 수 있을 것이다. 그가 적시한 '무늬와 향기를 마음으로 느끼는 / 아름다운 별이 되렵니다.'라는 보편적인 기원과는 차원이 약간 고조된 감응(感應)을 유발하고 있어서 작품 전체에서 풍기는 주제의식이 명징(明澄)하게 나타나고 있다.

그의 기원의식은 다음과 같이 요약할 수 있을 것이다.

– 어머니에 마음 고이고이 / 간직하여 마음속 깊이깊이 / 새기며 후회 없이 살으렵니다.(「어머니 2」중에서)

– 다시는 연약한 모래성을/ 쌓지 않기를 바라면서 / 세상에서 제일 아름다운 모습으로 / 영원히 지지 않는 꽃을 피우렵니다.(「상사화」중에서)

– 계절이 바뀌면 정원에 아름다운 꽃 / 다시 피워 벌과 나비 새들 노랫소리 / 옛 시인의 노랫소리 듣고 싶어라.(「갈색바람 속 석양」중에서)

– 높고 깊은 사연도 하늘 밑 사연이련만 / 언제나 이루어지려나? / 우리에 사연은.(「사연」중에서)

– 꽃이 시들지 말도록 껴안지 말고 / 등불이 바람에 꺼질까

외투로 덮지 마라 / 힘차게 노래 부르면 거문고줄 끊어지나니 / 스스로 흘러가는 저 강에 둑 쌓지 마라(「흐르는 강물」중에서)

– 이 나라에 가슴에 핀 / 자랑스러운 꽃이 되도록 / 노래 부르렵니다.(「모닥불」중에서)

– 하얀 백지를 그리다 잊혀버린 / 추억 속에 사라진 조각달 / 오늘 산 중턱에 걸렸구나 / 바람이 불어와 데리고 가도 / 남아있는 전설 위에 홀로 가득하여라.(「마음」중에서)

보라. 양태영 시인의 기원은 이처럼 다양하게 나타나고 있다. 자신의 의식속에 잠재한 다변적인 상황들이 현실과 갈등하면서 구현하려는 이상적인 실현이 그의 진실로 발현되고 있는 것이다.

3. '사모곡'과 연민의 이중주

양 태영 시인의 내면에는 또 영원한 불망(不忘)으로 남아있는 사랑의 징표가 빛나고 있어서 그가 진실로 구명(究明)하고자 하는 '어머니'의 표상이 연민과 함께 이중주로 노래하고 있다.

갈대 한 잎으로 여자로 태어나
칼날 위로 손을 얹어
세상을 다스려
두고 갈 말은 없어도
손끝에 남은 흔적
당신을 위하여
언제나 노래 부르렵니다.

– –「사모곡」전문

그의 '사모곡'은 '당신을 위하여 / 언제나 노래 부르렵니다.' 라는 결론과 같이 그와 '어머니'는 영원한 공존의 의미를 내포(內包)하고 있다. '어머니'의 위대한 생명성은 우리들이 공감하는 시적 질료(質料)이지만, 양태영 시인이 구가(謳歌)하면서 탐색하는 '어머니'의 존재는 범상(凡常)치 않음을 이해할 수 있을 것이다.

어둡고 긴 폭풍이 밤을
침묵으로 밝히 우고
이제 또 여명을 맞는 오늘
그 험한 세파 에도
묵묵히 외면 할 줄 아는 당신
인간도 따르지 못하는
인고의 꿈을 머금고
번득이는 굽이 사이로
세월에 시달린 잔주름이 아프다
말을 할 순 없어도
하늘을 열수 없어도
항상 미소로움은
내 깊음이 무한함을 말해주고
천 년을 하루같이 살면서
침묵할 줄 아는 당신이기에
이렇게도 부드러운가 보다.

――「어머니 1」 전문

그는 '어머니'에 대한 연작시뿐만 아니라, 어머니의 존재에 대해서 매료(魅了)하고 있어서 그의 뇌리(腦裏)에는'인간도 따르지 못하는 / 인고의 꿈을 머금고 / 번득이는 굽이 사이로 / 세월에 시달린 잔주름이 아프다'는 어조로 그가 평소에 존경하고 흠모(欽慕)하던'어머니'가 이제는'세월'과'세파'에서 침묵'뿐인'당신'으로 현현되고 있다.

이러한 사모곡은'어머니!/ 오늘 불현듯 생각나는 그 얼굴 / 당신이 생전 모습 생각납니다 / 오직 아들이 건강만을 위해 / 정성으로 빌고 빌어주던 어머니(「어머니 2」중에서)'또는'어머니 / 당신의 나라는 정말 고요 하였습니다. / 단 한 뼘의 깊이에도 / 스스럼없이 밀려오는 파도 / 구름은 갈매기처럼 하늘을 엽니다(「바다」중에서)'라는 그의 효심(孝心)은 우리들의 감동을 유로(流路)하고 있다.

차가운 달빛 속에 너의 미소
아스라이 떠오르는 한줄기 그리움이
잡힐 듯 잡히지 않는 여운 속에
겹겹이 쌓여가는 내 진실이
때 묻지 않은 자연이 섭리 앞에
나래를 연 나의 사랑은
누구를 위한 바램인가
누구를 위한 그리움인가?

--「그리움 1」 전문

양태영 시인에게는 어머니 외에 또 다른 '그리움'이 있다. 그것은'나래를 연 나의 사랑'이다. 그러나 그는'누구를 위한 그리움인가?'라고 반문하고 있다. 그의 사랑학은 '그리움'이라는 관념화법의 다양한 언어로'차가운 달빛 속에 너의 미소 가'그의 진실을 토로하고 있다.

그는'그리움과 함께 / 피고 지는 꽃과 함께 / 너와 나는 그리움을 담아 / 사랑을 나누고 있구나.(「그리움 2」중에서)'라거나 '어쩌다가 지나는 밤에 만나는 당신은 / 한 줌에 구름이요 불어오는 바람이련가 / 그 높은 곳에서 오는지 낮은 바다에서 / 불어오는지 알 수 없는 그리움 따라 / 그대가 잠이 든 후에 만나고 싶은 / 만나도 좋은 구름 속 여인이여(「연가」중에서)'라는 그의 간절한 그리움이 심연(深淵)에 흐르고 있다.

한 번 만이라도
사랑한다 말해주오
당신을 영원히 사랑하며
이생이 다하도록
복사꽃 향기를 품고
살아가도록
운해의 가슴속에 들어와
영원토록 함께해주오
사랑하는 내 여인이여.

--「 사랑하는 내 여인이여」 중에서

보라. 그의 사랑은 절정에 이른다. 그러나 진실로 사랑의 언어를 통해서 강조하는 애원(哀願)의 호소로 '사랑하는 내 여인'을 절규하고 있다. 이는 양태영 시인이 만유(萬有)의 현실적인 외연(外延)에서도 오로지 '당신'을 위한 사랑 맹세라고 할 수 있을 것이다.

그는 '한 번 만이라도'라는 단서를 붙임으로써 그가 '당신'을 위한 진솔한 고백일 수도 있어서 영원성을 내포(이생이 다하도록)한 '내가 사랑해야 할 / 단 한 사람'에 대한 연가의 한 대목이다.

이 밖에도 연가풍의 시편들은 헤아릴 수가 없다. 작품「사랑한다는 것은」「기다림」「일편단심」「너」「보름달」「회상」등등에서 감지하는 연가의 지향점은 '어머니'와 '내 여인'이라는 실체에서 적나라(赤裸裸)하게 현현되고 있다.

4. 자연 서정의 동화와 진실

양태영 시인은 그가 사유하는 관념의 보편성을 초극(超克)하여 외적인 응시(凝視)에서 흡인(吸引)하는 자연 서정에서 그의 시적 진실을 이해하게 되는데 이는 그가 평소에 자주 대하게 되는 자연 사물이 그의 정서와 합일할 때 발흥(發興)하는 시상(詩想)이라고 할 수 있다.

자연 서정에서는 시론(詩論)에서 흔히들 동화(同化)와 투사(投射)라는 감상적인 오류(誤謬)를 많이 인용해서 설명하고 있는데 전통적인 자연관은 인간정신에 존재 근거를 두고 있어서 자연은 인간의 정서에 좋은 혜택을 제공하는 동시에 인간과 일체감의 현상이 나타나고 있는 것이다.

하이얀 박꽃처럼
피어오르는 그림자
저녁노을에 쌓인 모습인양
어둠 진 빛 희미하다

깊은 산속 샘물 옆에 피어있는
한 송이 꽃향기가
내 가슴 속에서 타는 듯
그리움은 밀려오는데
한마음 되는 무지개는
파란 하늘을 덮은 채
남아있다.

――「하이얀 박꽃처럼」 전문

이 작품에서는 동화의 요소가 시법으로 작용하고 있다. '박꽃'이라는 자연 사물을 양태영 시인 자신 속으로 끌어와서 이것을 내적인 인격화하고 있다. '내 가슴 속에서 타는 듯'이라는 어조는 바로 '내'가 그 자연 속으로 몰입해서 하나의 인격체로서 동화하고 있는 것이다.

이러한 작풍(作風)은 자연 서정의 극치(極致)를 이루면서 어떤 정경(情景)에 함몰(陷沒)하는 시흥(詩興)의 발원지와 같은 안온한 경지를 음미할 수 있을 것이다. 그러나 거기에 깊게 자리한 주제는 '그리움'이 내재되어 있음을 이해할 수 있을 것이다.

빗속 하늘
새벽 가지 흔드는 바람 소리에
몸을 뒤척이면서
새벽 창가에 앉아 강가를 바라본다
강 언덕 위를 오르던 날
날아오르던 산비둘기 푸드덕
날갯짓하는 소리에

햇살은 구름에 가리고 비가 되어
대지를 적시던 날
맑은 가을 하늘은 수재의 먹물로 뿌려져
愁心수심을 달래었고
가을 하늘은 여물어 가는 가지가지마다
오곡백과를 찾는 새들의 노랫소리가
내 마음을 무겁게 한다
비가 강을 이루고 바다로 흘러들어
잔잔한 바다 된 옥빛 물소리는
가을 바람결을 따라 뜰을 채운다.

――「가을 하늘」 전문

우리의 서정시가 내포하는 궁극적인 의미의 중심축에는 음풍영월(吟風詠月)의 고전적인 메시지보다는 정적인 묘사(描寫-skech) 가운데서도 현실적인 중요한 주제가 내재되어 있어서 '수심'이나 '내 마음'이라는 '내(혹은 나)'라는 화자(話者)를 통한 정서의 정리를 탐색하고 있다.

그는 이러한 자연 정경을 가장 미적(美的)으로 구성하고 거기에 투영시킬 주제를 자기 자신의 현재 상황과 일치시키는 시법은 우리들을 공감으로 매료하고 있다. 이것이 서정시의 정수(精髓)라고 할 수 있을 것이다.

여기에서 간과할 수 없는 또 하나의 이유는 가을과 새벽 등의 시간성과 여기에 부합하는 빗속 하늘, 창가, 강 언덕, 대지, 가을 하늘, 강, 뜰 등의 공간 그리고 바람소리, 날개짓하는 소리, 새들의 노랫소리, 옥빛 물소리 등등의 청각적인 이미지를 고르게 융합함으로써 작품의 구성뿐만 아니라, 우리들의 정감을 요동(搖動)시키는 마력을 발휘하고 있음에 경탄(敬歎)하지 않을 수 없다.

그의 서정성은 풍성하다. 그의 주변의 체험에서 획득한 '영주산'과 '영산', '영실 ', '우도봉', '어리목'등등의 지명에서 발상된 작품에서도 그가 지향하려는 서정적인 진실의 원류를 이해할 수 있다는 점에 주목하게 된다.

양태영 시인은 이 시집을 통해서 그의 감수성이 허락하는 한 다양한 소재를 취택하고 고차원의 주제를 투영하려는 그의 열정을 확인하였으며 그가 앞으로 정진(精進)해야 할 시적 향방(向方)을 가늠하는 좋은 계기가 될 것이다.

그는 오늘도'가을의 山情은 그러나 우리에게 맑은 예지(銳智)와 / 생명(生命)의 충일감(充溢感)을(「산정」중에서)'주기 위해서'대지위에 쌓인 눈을 보면서 / 즐거움을 느끼고 / 다가 올 봄을 기다리며 / 삶의 노래를 부(「춘하추동」중에서)'르고 있는지도 모른다. 시집 출간을 축하한다.

모
닥
불